Inhalt

Preissuchmaschinen - Ein viel versprechender Markt im Internet?

Kernthesen

Beitrag

Fallbeispiele

Zahlen und Fakten

Weiterführende Literatur

Impressum

Preissuchmaschinen - Ein viel versprechender Markt im Internet?

Autor GENIOS BranchenWissen: S.Naujoks

Kernthesen

- Die verschiedenen Preissuchmaschinen bzw. Preisvergleichswebsites im Internet erfreuen sich zunehmender Beliebtheit.
- Die Vorteile von Preissuchmaschinen sind die gezielte Produktsuche sowie die Preistransparenz der verschiedenen Online-Angebote, neben den Preisen gilt es aber auch Informationen wie z.B. Lieferkosten, Lieferzeiten, Zahlungsmodalitäten zu berücksichtigen.
- Nicht selten setzten mittlerweile Preisvergleichsmaschinen die Online-Händler, aber auch den stationären Handel

immer mehr unter Zugzwang.

Beitrag

Noch nie war es so einfach Preise miteinander zu vergleichen. Preissuchmaschinen schießen im Internet wie Pilze aus dem Boden. Werden die zahlreichen Preisvergleichwebsites im Internet überhaupt genutzt, welche Auswirkungen hat dies gegebenenfalls für die Händler und ist es wirklich ein viel versprechender Markt für die zahlreichen Anbieter?

Preissuchmaschinen im Internet

Nachdem der Online-Versandhandel über das Internet für die Verbraucher immer attraktiver wird, erfreuen sich auch die verschiedenen Preissuchmaschinen im Internet, wie z.B. www.billiger.de, www.Geizkragen.de. oder www.guenstiger.de, zunehmender Beliebtheit. Preisvergleich-Websites sparen Schnäppchenjägern viel Arbeit und Zeit. So nutzt derzeit bereits jeder zweite Internet-Käufer einen Preisvergleichsanbieter im Internet. Der Markt für Preissuchmaschinen scheint attraktiv zu sein, so dass neben nationalen

Anbietern - rechtzeitig zum diesjährigen Weihnachtsgeschäft - auch immer mehr internationale Anbieter auf den deutschen Markt für Preissuchmaschinen drängen. So startete Ebay und das Medienunternehmen Scripps erst kürzlich mit den Portalen Shopping.com und Shopzilla.com. Experten schätzen, dass es in Deutschland mittlerweile bereits mehr als 100 Preissuchmaschinen gibt und der Markt ist noch nicht ausgereizt. Marktforscher von Jupiter Research rechnen bis 2007 mit einem Umsatzwachstum von jährlich zwischen 25 und 30 Prozent. Im Jahr 2005 wurden über Online-Shops in Deutschland rund 17 Mrd. Euro umgesetzt. (1), (7)

Das Geschäftsmodell der Preissuchmaschinen

Die verschiedenen Preissuchmaschinen haben unterschiedliche Angebote für preissuchende Online-Einkäufer. So reicht das Leistungsspektrum der Preissuchmaschinen vom einfachen Schnäppchen finden bis hin zu umfangreichen Produktportalen, die den Kaufinteressenten neben den aktuellen Preisen, auch die Verfügbarkeit, die Lieferzeit, die Versandkosten, eine Händlerbewertung und sogar Kundenkommentare oder Anwenderberichte zur

Verfügung stellen.

Das Geschäftsmodell der Preissuchmaschinen ist so simpel wie erfolgreich. Die Preissuchmaschinen bieten auf ihren Seiten Preisvergleiche und je nachdem Zusatzinformationen - und das je nach Angebot für bis zu drei Millionen Produkte. Die Kaufinteressenten landen von der Preissuchmaschine per Mausklick auf den Web-Sites der verlinkten Händler. Für den Online-Einkäufer ist dabei die Nutzung von Preissuchmaschinen kostenlos. Bezahlt wird dieser Service von den Online-Händlern, die den Preissuchmaschinen ihren Produktkatalog elektronisch zur Verfügung stellen. Bezahlen muss der Online-Händler. Für jeden Besucher, der über die entsprechende Preissuchmaschine an seinen eigenen Webshop weitergeleitet worden ist, wird ein festgelegter Klick-Preis fällig, der in etwa zwischen 20 und 30 Cent liegt. Und das egal, ob der Interessent etwas kauft oder nicht. (1), (2), (7) Eine Ausnahme stellt hier aktuell noch die Betaversion von Froogle dar, der Preissuchmaschine von Google, bei der dieses Angebot sowohl für die Verbraucher als auch für die Händler kostenlos ist. (6)

Preissuchmaschinen aus

Nutzersicht

Kaufwillige Internetnutzer stoßen bei Ihrer herkömmlichen Suche nach einem bestimmten Produkt schnell auf eine Vielzahl von Treffer, unter denen sich neben einer oft schon unüberschaubaren Anzahl von Angeboten diverser Online-Händler auch redaktionelle Verweise auf das gesuchte Produkt mischen. Preissuchmaschinen bzw. Preissuchportale ermöglichen den Kaufinteressenten eine gezieltere Produktsuche im Internet. Ein wesentlicher Vorteil von Preissuchmaschinen ist dabei natürlich die Preistransparenz, so dass sehr schnell der günstigste Online-Anbieter eines bestimmten Produktes identifiziert werden kann. Preisersparnisse von bis zu 30 Prozent im Vergleich zum regulären Preis im stationären Fachhandel lassen sich durch gründliche Recherche durchaus erzielen. (1), (4)

Preissuchmaschinen informieren zwar sehr übersichtlich über den günstigsten Preis. Nichtsdestotrotz sollten die Nutzer alle weiteren Produktinformationen wie z.B. Lieferkosten oder Zahlungsmodalitäten nicht außer Acht lassen. Ungerechtfertigt überhöhte Lieferkosten können einen vermeintlichen Preisvorteil schnell, vom Kunden relativ unbemerkt, zu Nichte machen. Zudem ist der Service im Reparaturfall häufig wesentlich umständlicher, als beim stationären Handel. (1), (4)

Oft muss ein Preisvorteil zudem mit konsumentenunfreundlichen Zahlungsmodalitäten bezahlt werden, wie z.B. einer Vorauskasse im Gegensatz zu einer Lieferung auf Rechnung.
Fraglich bleibt darüber hinaus, inwiefern sich Preissuchmaschinen im Internet auch für Firmeneinkäufer, d.h. für den Business-to-Business Bereich eignen.

Auswirkungen von Preissuchmaschinen auf den Handel

Für die Zielgruppe der 30 bis 49-jährigen ist das Internet laut einer Trendstudie von Interone Worldwide das glaubwürdigste Medium für Preisvergleiche und damit mittlerweile ein wesentlicher Einflussfaktor für eine Kaufentscheidung. Nach einer Studie von Nielsen/NetRatings gehen sogar 94 Prozent der Haushalte mit Netzanschluss vor einer wichtigen Kaufentscheidung ins Internet, 81 Prozent davon machen Preisvergleiche über dieses Medium. Würde nur im Internet gekauft, wäre das Problem aufgrund des im Verhältnis immer noch relativ geringen Marktanteils noch überschaubar, aber immer häufiger werden hier Preise recherchiert mit denen der stationäre Handel dann konfrontiert wird.

Nicht selten setzten Preisvergleichsmaschinen daher auch den stationären Handel unter Zugzwang. Es häufen sich die Fälle, dass jemand mit einem Ausdruck aus dem Internet in ein Geschäft kommt und den Händlern den günstigeren Preis eines Online-Anbieters vor die Nase hält. Online-Händler können meist schneller auf neue Trends reagieren als der stationäre Handel. Statt des breiten Produktsortimentes, das der stationäre Handel aufweist, führen viele Online-Shops in einzelnen Produktkategorien lediglich die aktuellen "Renner". Diese "Rosinenpickerei" der Online-Händler setzt den etablierten Handel immer mehr unter Druck, der beim Sortiment auf eine Mischkalkulation setzen muss und sich nun mit der Onlinekonkurrenz messen muss, die mit einer anderen Kostenstruktur arbeitet. Die Internetpreise können ohne die Aufwendungen für personalintensive Beratung oder Service kalkuliert werden. Dass hierfür auch nicht der Service (auch bei Reparaturen) wie in den Märkten in Anspruch genommen werden kann, ist für viele Kunden erst mal nebensächlich. Häufig haben die Unternehmen in Preisvergleichen gerade mit der Online-Konkurrenz dann auch das Nachsehen. Sind die Preise im Internet "besser", leidet der stationäre Handel und zieht daher mittlerweile nicht selten mit eigenen speziellen Internet-Angeboten nach.

Diese Strategie, in zwei Kanälen - und das unter Umständen auch noch mit unterschiedlichen Preisen - zu operieren, birgt jedoch auch Risiken. So könnte einem möglichen Umsatzzuwachs unter Umständen ein Imageschaden entgegen stehen, wenn die Sache nur halbherzig angegangen wird. Auch sind dann Kannibalisierungseffekte zwischen Off- und Online-Handel durchaus möglich. Wer erfolgreich als "Multi-Channel-Unternehmen" auftreten will, muss deshalb den Vertriebsweg Internet sehr ernst nehmen, zumal häufig auch noch interne Konflikte damit einhergehen. Nicht zuletzt das Beispiel des Versandhandels, dessen Internetportale deutlichen Zuwachs verzeichen, zeigt allerdings, dass hier Potentail liegt, das es zu nutzen gilt. (8), (10)

Trends bei Preissuchmaschinen

Preissuchmaschinen, die sich gegenüber dem zunehmenden Wettbewerb differenzieren wollen, setzen auf zusätzlichen Service bei Ihrem Angebot. So geht der Trend bei den Anbietern von Suchmaschinen dazu, den Produktsuchenden eine optimierte Reihenfolge der in Frage kommenden Online-Händler anzubieten. In diesem Fall werden nicht nur das

Kriterium Billigster Preis sondern auch Kriterien wie z.B. Beliebtheit bei den Kunden und Produktverfügbarkeit in ein optimiertes Händler-Ranking miteinbezogen. (1) Auch Features wie der Preis-Alarm sind ein Zusatzservice der Preissuchmaschinen, bei dem ein Interessent seinen Wunschpreis für ein Produkt hinterlässt und via SMS oder E-Mail benachrichtig wird, sobald ein Händler das gewünschte Produkt zum gewünschten Preis anbietet. (1)

Zunehmend wichtig wird den Verbrauchern auch die Sicherheit Ihrer Online-Transaktionen. Wichtig ist nicht nur, dass ein Anbieter so billig wie möglich ist, sondern auch, dass der Online-Händler vertrauenswürdig ist. Nicht zu letzt aufgrund einiger Betrugsfälle in der Vergangenheit gehen nun immer mehr Anbieter von Preissuchmaschinen dazu über, ihre teilnehmenden Online-Händler vor deren Aufnahme im Preisportal besser zu überprüfen. Dies kann beispielsweise durch eine persönliche Kontaktaufnahme, aber auch durch Testkäufe geschehen. Auch das Anbieten von Anwenderforen, bei denen sich Online-Kunden über die verschiedenen Online-Händler austauschen können, gehört zu den verstärkten Sicherheitsbemühungen. (2)

Fallbeispiele

Anbieter von Preissuchmaschinen in Deutschland sind z.B.: (2), (3)

www.billiger.de
www.ciao.de
www.froogle.de
www.guenstiger.de
www.idealo.de
www.shopping.com
www.shopzilla.de
www.schottenland.de
www.geizkragen.de
www.gooster.de
www.kelkoo.de
www.dooyoo.de

Neben den allgemeinen Preissuchmaschinen gibt es auch spezialisierte Preissuchmaschinen wie z.B. für den Online-Handel mit frei verkäuflichen Medikamenten. Hier lassen sich Preisnachlässe von bis zu 60 Prozent realisieren. Die drei bekanntesten

Anbieter decken das Angebot von rund 75 Versandapotheken ab: (5)

www.medpreis.de
www.medipreis.de
www.medizinfuchs.de

Media-Markt zog aus Sorge um Preispositionierung mit relaunchtem Internetangebot nach

Nachdem das Unternehmen nicht selten bei Preisvergleichen gerade mit der Online-Konkurrenz das Nachsehen hatte, zog der zur Metro-Gruppe gehörende Fachmarkt-Betreiber Media-Markt bereits im vergangenen Jahr die Konsequenz daraus und hat seinen Online-Shop relaunched. Ein Branchenkenner urteilte: "Augenscheinlich hat sich Media-Markt um seine Preispositionierung gesorgt." (8)

Besucherrekord bei Guenstiger.de

Im Dezember 2005 haben 7,5 Millionen Nutzer die Preisvergleiche von Guenstiger.de genutzt. Das Portal meldete einen Rekord mit 70 Millionen Page Impressions. (9)

USA: Preisvergleiche auf Herstellerseite

In den USA gibt es schon einige Hersteller, die auf ihren Seiten den Kunden eine Händlerübersicht (online und offline) zu ihren Produkte mit Preisvergleichen anbieten. (10)

Zahlen & Fakten

- Der Hauptverband des deutschen Einzelhandels (HDE) schätzt, dass die Deutschen im Jahr 2005 rund 15 Milliarden Euro im Internethandel ausgegeben haben werden. (1)

- Das Marktforschungsunternehmen Forrester schätzt, dass bis 2009 der Umsatz im Internethandel um rund 5 Milliarden steigen wird. (1)

- Das Marktforschungsunternehmen Nielsen Netratings schätzt, dass im Oktober 2005 rund 12,8 Millionen Deutsche die Seiten von Einkaufsführern und Preisvergleichen im Netz besucht haben. (2)

- Der durchschnittliche Nutzer von

Preissuchmaschinen im Internet ist zu 65% männlich, mittleren Alters, berufstätig und besitzt eine gute Kaufkraft. (3)

Weiterführende Literatur

(1) Heuzeroth, Thomas, Harter Kampf um Preisvergleiche im Netz, Welt am Sonntag, 13.11.2005, Nr. 46, S. 28
aus netzeitung.de vom 26.09.2005

(2) HANDEL Der gläserne Verkäufer
aus FOCUS, 12.12.2005; Ausgabe:50; Seite:196-197

(3) Auf der Suche nach Schnäppchen
aus kress report vom 16.12.2005, Nr. 25, S. 36

(4) Im Netz auf Schnäppchenjagd Mit Preisdatenbanken können leicht 30 Prozent gespart werden - Beim Kauf im Ausland machen Zollgebühren und Steuern den Preisvorteil schnell zunichte
aus DIE WELT, 05.12.2005, Nr. 284, S. 18

(5) Versandhandel: Bis zu 60 Prozent kann man sparen Medikamente immer günstiger Die Preise sinken von Jahr zu Jahr - aber nur wenn man über das Internet bestellt. Apotheker gelassen.
aus Hamburger Abendblatt, 04.01.2006, Nr. 3, S. 21

(6) Homepage von Froogle: www.froogle.de
aus Hamburger Abendblatt, 04.01.2006, Nr. 3, S. 21

(7) Deutsche lieben den virtuellen Weihnachtsbummel Zahl der Preisvergleichsportale steigt
aus DIE WELT, 23.12.2005, Nr. 300, S. 14

(8) Online-Handel: Heizt Wettbewerb weiter an
aus www.lz-net.de vom 02.08.2005

(9) Guenstiger.de: Meldet Besucherrekord
aus www.lz-net.de vom 16.01.2006

(10) Profilieren statt ignorieren Internet-Nutzer zwingen Hersteller zum Umdenken
aus Direkt Marketing, Heft 11/2005, S. 24-27

Impressum

Preissuchmaschinen - Ein viel versprechender Markt im Internet?

Bibliografische Information der deutschen Nationalbibliothek

Die Deutsche Nationalbibliothek verzeichnet diese Publikation in der deutschen Nationalbibliografie; detaillierte bibliografische Daten sind im Internet über http://dnb.d-nb.de abrufbar.

ISBN: 978-3-7379-2663-8

© 2015 GBI-Genios Deutsche Wirtschaftsdatenbank GmbH, Freischützstraße 96, 81927 München, www.genios.de

Alle Rechte vorbehalten. Dieses Werk ist einschließlich aller seiner Teile – z.B. Texte, Tabellen und Grafiken - urheberrechtlich geschützt. Jede Verwertung außerhalb der Grenzen des Urheberrechtsgesetzes bedarf der vorherigen Zustimmung des Verlags. Dies gilt insbesondere auch für auszugsweise Nachdrucke, fotomechanische

Vervielfältigungen (Fotokopie/Mikroskopie), Übersetzungen, Auswertungen durch Datenbanken oder ähnliche Einrichtungen und die Einspeicherung und Verarbeitung in elektronischen Systemen.